年収300万円

ーム!?

いの駆け込み寺」

佐々木　敬史

望まれれば叶えるのが私の使命
私には夢があります。
一生懸命生きているあなたにおもてなし
（ホスピタリティ）の精神《こころ》を持って、
身の丈にあった「じぶんサイズのいえ」を
持てる地域・愛媛県に、何としてもしたい！
そして愛媛県に住むすべての人に
幸せになってほしい！

はじめに

だから私はあなたの夢を叶えたい!!

この本のタイトルは『年収３００万円でマイホーム!?』です。

このタイトルを目にして、

「いくら何でも３００万円では絶対無理！」

と思われたなら、ごく一般的な常識をお持ちなのだと思います。

厚生労働省の調べによると愛媛県のサラリーマンの平均年収は、全国で32位の３９５万７１００円です（平成24年全国平均が４７２万６５００円）。つまり全国的に見ても低所得者の多い県といえます。その平均所得よりも低い３００万円でマイホームづくりなんて無理だと思っていませんか。

そんなあなたにこそ伝えたいことが私にはあります。

どんな年収でも、夢に日付を付けて一生懸命努力すればマイホームは持てるのだと。

・年収も自己資金も乏しい
・マイホームを手にすることで生活が苦しくなるのでは？
・そもそも誰に相談したらいいのかわからない

いえづくりには常に不安がつきまといます。しかし不安だからと諦めていては、いつまでたってもマイホームは手に入りません。

住まいはそこに住む人たちの幸せを受け止める器です。安心、安全な暮らしに寄り添うものです。

マイホームづくりと真剣に向き合えば、得られるものがたくさんあります。

決して苦労ばかりではありません。

だからマイホームを手に入れたいという夢を諦めないでほしいのです。

そのために私が住まいのコンシェルジュとなって、誠心誠意お手伝いさせていただきます。

誠心誠意お客様と向き合う――、愛する家族が、そして仲間たちが教えてくれた私の信条です。この思いを仕事という形にするまで紆余曲折ありましたが、今の私は「願えば夢は必ず叶う」と、あなたに胸を張ってお伝えできます。

夢を諦めるのは、この本を読んでいただいてからでも遅くありません。

一生懸命なあなたの夢、私が叶えます‼


「住まいの駆け込み寺」コンシェルジュ　佐々木敬史

はじめに

【目　次】

第2章　私はいかにして住まいのコンシェルジュとなったのか

第3章　こうして解決「いえづくり」の不安

第4章　自己資金0円、年収300万円で「マイホーム」をゲット!!

おわりに

第1章

チャレンジする前から、諦めている人がいる

誰もが持ついえづくりに対する漠然とした不安（…という勘違い）

所得が低くて新築戸建て住宅が持てない

（建て売り住宅・分譲マンションなら買えるかも、または中古住宅しか買えないという思い込み）

この章では、まず愛媛県に住む人の年収について触れたいと思います。耳の痛い話ですが、いえづくりをする上でとても大事なこと。それはまず現実を知ることです。

実は、ここで多くの人が勘違いしています。自分の頑張りが足りないから年収が低く、いえが持てないのだと――それは間違っています！　これには愛媛県という地域柄が非常に深く関係しているのです。

もともと私は東予地方を拠点にしていましたが、最近は中予地方、南予地方のお客様ともお付き合いがあります。

３つの地方を見て思うことは、愛媛県に暮らす人たちの所得がいかに低いかです。

愛媛県は経済規模としては全国の約1％を占め、1％経済と呼ばれています。

南予地方は柑橘栽培や養殖漁業中心の第一次産業に特化し、一時期、真珠の養殖で景気が良かった時もありましたが、今はどうしても第一次産業が下火のため県外に出ていく方も多い地方です。

私のお客様の中にも平均年収200万円台という方が多いです。

中予地方は県都のある政治・経済や商業活動の中心地であり、第三次産業が主力で四国有数の企業も多く、化学工業も発達しています。公務員や主力企業で働いている方は結構収入も高いのが一般的です。

若い方は年収300万円前後の収入の方が多く、思いのほか収入が低い地域です。

■給与所得者 階層別平均年収

全国の給与所得者：45,557,000人（2012年12月31日現在）
（男性：27,263,000人　女性18,294,000人）

年収帯別階層	割合（人数）	男性割合	女性割合
年収300万円未満	41.0％（18,697千人）	24.3％	65.9％
年収300万円～400万円未満	17.9％（8,186千人）	19.2％	16.1％
年収400万円～500万円未満	13.9％（6,335千人）	17.4％	8.6％

（※2012年、国税庁民間給与実態統計調査結果を編集）

東予地方は、四国中央市、西条市、それから今治市などは四国全体で見ても工業出荷額が極めて高い地域です。

そこで働いていれば３００万円台前半の収入を得られるようです。　私のお客様の多くが３００万円台前半の年収を得ていらっしゃいます。

ところが公務員の平均年収は５８０万７６００円と全国でトップクラス。埼玉県、神奈川県に続き堂々の３位なのです（平成24年・総務省「地方公務員給与実態調査結果」より）。

この収入の開きってすごいなと思います。

だから愛媛県民は公務員になりたがる人が多いのです。

この本の冒頭で愛媛県のサラリーマンの平均年収が全国的に見て32位と、とても低いということをお伝えしました。

残念なことですが現状を見る限り、愛媛県のサラリーマン平均年収がこの先、劇的に上がるとは思えません。

とりあえず賃貸でという考え方（その場しのぎ）

所得が低ければ、マイホームは当然無理だと皆さん思われるでしょう。

「本当は新築の戸建てに住みたいけれど、それは無理だからせめて建売住宅か、分譲マンション。それとも中古住宅にしようか……。」と、どんどん理想が低くなってしまいます。

確かにいえは高額な買い物ですから、それに見合った収入がなければ買えません。そのため仕方ないから賃貸で…ということになります。

私はこれまでの経験で、特に子育てにおいて、住まいが果たす役割の大きさを痛感しています。

どうしてそんな思いに至ったのかは後でお話ししたいと思っていますが、誰だって自分の子どもは広い部屋でのびのびと遊ばせたいですよね。

私のお客様の中にも、

「アパートなので狭くて自分の部屋もなく、子どもが友達を呼べないと寂しい思いをしている」

「子どもが部屋の中を走り回っていると、下の階の方から怒られる。子どもに静かにしなさいと怒り続けたくない」

という思いでやって来る方がいらっしゃいます。


私は決して賃貸が悪い、中古や建売住宅がダメだと言っているわけではありません。

しかし同じ子どもを育てるならば、特に小さいお子さんがいるうちは、自分のいえのほうが安心だし、気楽であるということは間違いないでしょう。

・壁などを傷つけて、後で弁償しなければと暗い気持ちになりたくない
・兄弟の数に合わせて子ども部屋を準備してあげたい

そうした思いは、やはり自分のいえを建てなければ叶いませんし、一生に一度購入するかどうかの買い物です。

だからこそ、後悔しないでいただきたいのです。

土地が高くて自分に合った土地が見つからない（平地が少なく土地が買えない愛媛の事情）

先ほどから愛媛県のサラリーマンの年収の低さについて話してきましたが、実はそれ以上に愛媛県での家づくりを困難にしているものがあります。

それは土地の問題です。

愛媛県は海と山に挟まれた地形で、平地に恵まれていません。いえは基本的に平地の上に建てるので、山と海の間が非常に近い愛媛県では、いえを建てることに適した土地がとても少ないのです。

例えば松山付近の道後平野は広いけれど、すでに多くの人が住んでいるため、新しい土地が売りに出ることが少ないですし、立地が良ければ、こんな地方都市で！　と驚くくらい土地価格が高い場合もあります。

ちなみに愛媛県の住宅地平均価格は、全国13位の４４１００／㎡です。

土地がなければ新築の一戸建ては建ちません。当然です。

■愛媛県の住宅地標準価格（平均価格）ランキング

順位	自治体名	価格（円/㎡）	世帯数（世帯）	人口総数（人）
1	松山市	93,400	224,178	517,231
2	松前町	78,300	11,308	30,359
3	八幡浜市	62,200	15,849	38,376
4	東温市	58,200	13,490	35,253
5	宇和島市	44,100	34,041	84,210
6	四国中央市	43,100	34,951	90,187
7	新居浜市	40,400	50,377	121,735
8	砥部町	40,000	8,272	21,981
9	西条市	38,200	44,630	112,091
10	伊予市	35,400	13,959	38,017
11	大洲市	34,600	18,410	47,157
12	今治市	32,500	68,249	166,532
13	内子町	24,300	6,722	18,045
14	伊方町	21,800	4,884	10,882
15	愛南町	19,500	9,837	24,061
16	西予市	19,100	17,096	42,080
17	上島町	14,500	3,618	7,648
18	鬼北町	12,600	4,801	11,633
19	松野町	11,300	1,748	4,377
20	久万高原町	9,100	4,468	9,644

（※2010年 日本地域番付調べ）

もっと言えば、土地代が高くなればなるほど、トータル的な予算も高くなります。だからマイホームの夢を諦めようという思いに至ります。

しかしちょっと待ってください！

なぜ私が「年収３００万円でマイホーム⁉」と本のタイトルにまで出して、皆さんにアピールしているのか。考えていただきたいのです。

マイホームは無理というのは、思い込みではありませんか？　そもそも何を根拠におしゃっているのでしょうか、と住まいづくりのプロである私が皆さんにお伺いしたいくらいです。

いえづくりを誰に相談して良いかわからない現実

いえを持ちたいと思ったら、最初に何からスタートさせますか？

例えば住宅展示場に見学に行く、パソコンが得意ならばインターネットで情報を集めるでしょうか。

まず大手住宅メーカーでは、あなたがいくら展示場に足を運んでも、

「年収300万円では、とっても…」

と断られてしまうケースがほとんどでしょう。


大手住宅メーカーというブランドには安心感がありますが、大手住宅メーカーのいえは当然高いのでなかなか手が届きません。

営業担当者に買える見込みのないお客様を丁寧に接客している暇はありません。


もしかしたらあなたはすでに展示場に行って、

「あなたでは無理です」

と言われたご経験をお持ちかもしれませんね。

だから諦めているということはないですか。


インターネットで最初に基本的な情報を得ることは重要ですが、それだけではいえは完成しません。結局は工務店なり、住宅メーカーなりに出掛けることになります。

お友達やお知り合いですでにいえを建てた方に、

「どうだった？」

と相談してみることもあるでしょう。

もちろん目先の不安は少しだけ解消されるかもしれませんが、それがあなたの不安を根本的に解消することにはつながらないように思います。

なぜかというと、住まいづくりは千差万別で10人のお客様がいたら、10人全然違うからです。

ましてや、この本を手に取ってくださった方は、「年収３００万円でも」というところに一番注目されたはずです。

自分の年収でも大丈夫なのかという半信半疑な気持ちからです。

第3章では具体的なハウツーをお伝えしていきますが、私は年収３００万円でも余裕でいえが建つとは言っていません。３００万円という、ある意味住宅業界では非常識ともいえる年収で夢を実現するには、それなりの工夫と努力が必要です。

もちろん私は全力でお手伝いしますが、お施主様となるあなたにも努力していただかなければいけないことがたくさんあります。

だから、いえづくりを誰に相談したらいいのか分からないと悩んでいるくらいなら、あなたの年収でも夢を叶えてくれる工務店や住宅メーカーに絞り、勇気を出して訪ねてみるべきです。

それがいえづくりの第一歩なのです。

もっと待てば安くていいいえが持てるという幻想

昨年は消費税増税前の駆け込みとして、住宅購入者が増え、住宅業界は活気があったように思います。

今まで購入を検討していて、増税前のベストなタイミングで準備が整ったのであれば問題ないと思いますが、それまで何も準備をしていなかったのに、急に買おうとするのは無計画です。

逆に探し続ければ、もっと理想的な立地の土地が手にはいるのではないか、もっと安い土地が手に入るのではないかと悩み、いつまでも購入に踏み切れない方がけっこういらっしゃいます。こういう方は土地のことに限らず、間取りや壁の色などに至るまでなかなか決めることができないタイプの方です。

土地選びは結婚のパートナー選びに似ているのかもしれません。同じ夫婦は世界中で一組だけです。それぞれに個性があり、正解もありません。

もっと探せば、もっと検討してみれば、もっと、もっと……と、人の欲望にはキリがありませんが、一生に一度の買い物だと思えば、当然欲も出ます。

しかしあと1年待てば、必ず安く購入できるのでしょうか？

その保証はどこにもないわけです。もしかしたら1年後に住宅ローンの金利が上がり、逆に高くなってしまうこともあるでしょう。

いえが建っても建たなくても、私たちの生活は日々続いていきます。

急いでいえを建てる必要はありませんが、どこかで決断をしなければ、いつまでたってもいえは手に入りません。

後悔しないために何ができるのか、住まいのコンシェルジュである私と一緒に考えていきませんか。絵に描いた餅を食べたいと思っても食べられません。現実をしっかりと見据えるための方法をお伝えします。

いえを持てば幸福になれるという誤解

私のお客様は子育て世代が多いので、私がいえをつくる際にとても大事にしていることは、いえが今後の未来を担う子どもたちを愛情いっぱいに育てられる器となることです。そんな素晴らしい住まいを提供できる工務店になれたら、幸せの数が増えていくのではと考えています。

いえを持つことで幸せの数は増えます。しかしいえを持てば必ず幸せになるわけではありません。

私はいえを建てたいと相談に来られる方のお話をじっくり伺います。

経済的な事情や土地が見つからないといった物質的な問題は別として、

「いえを建ててからどんな暮らしをしたいか」

「子どもたちとどのような時間を過ごしたいのか」

といった夢やプランもなく、単にいえが欲しいとおっしゃる方には、いえを持つべきではないとお伝えするようにしています。

いえを建てるのが仕事である私が、

「いえを持つな！」

なんておかしいかもしれませんが、それくらい慎重にしています。

理由は、いえを持つということは人の人生を大きく左右することになるからです。

勘違いしないでほしいのですが、いえは器でしかなく、そのいえに住むご家族が主役です。

立派ないえが建ったからといって、それで幸せになれるでしょうか。

例えばお金持ちの人が全員幸せなのかといえば、そうではありません。

お金持ちでも不幸な人はたくさんいます。いえも同じで、建てたからといって幸せになれるとは限らないのです。

これはたくさんのお客様のいえづくりを、そばで見てきた私の確信です。

「私はいえを持ってどうしたいのか?」

その答えが出てこないならば、これ以降を読み進める必要はありません。

私はいえを持って、こんな暮らしをしてみたいんだという思いがあるならば、この先を読み進めてください。

人生で一番大きな買い物への不安

いえを建てたら、生活が苦しくなるのでは?

所得の低さや土地問題により、愛媛県民がマイホームをあきらめやすい傾向にあることを先にお伝えしました。

またいえを持つということがどのような意味を持つのかを、まったく考えていない方が多く、そこが問題だとご指摘させていただきました。

本書ではもう一つ、深く考えていきたい問題があります。

それは何よりも大事なお金のことです。

住宅ローンで破綻する人が多いとニュースで聞いたことはありませんか？

せっかく手に入れたマイホームを手放すことになる悲しみは想像を絶します。借金返済で生活が破綻し、家族もばらばらになってしまうケースが後を絶ちません。

こんな話ばかり聞いていたら、いえを建てたら生活が苦しくなるのではと思ってしまいますね。でもそれは大いなる勘違いです。

いえを購入するために住宅ローンで何千万円というお金を借入れます。

一生のうちでこれほど多額の借金を背負うことは、いえを購入する時しかないでしょう。

高級なスポーツカーを購入すればまだしも、大抵はそれほどの額になりません。

多額の借金を抱えるというのはとても勇気がいることです。

しかしちゃんと資金計画を立てていれば、住宅ローンで破綻するという最悪の状態にはならないはずです。

もちろん長い人生の間には、勤めていた会社の倒産や、一家の大黒柱であるご主人が病気に罹るなど、予期せることは起きます。しかし身の丈にあった資金計画のもと、しっかりとお金のことを考えていれば、いざという時でも対応できるはずです。

問題なのは身の丈に合わない、およそ豪華すぎるいえを持ったために返済額が膨大になったり、お子さんの進学などご家族の状況に合わない、つまり買い時ではないと感じるようなタイミングであるにもかかわらず無理をすることです。

私はお客様に言っています。

「いえを建てるからこそ、生活が楽になるんです」

お客様はびっくりされます。

多額の借金を背負っているのだから、むしろ生活が苦しくなると思っているからです。しかし私には「いえを建てることで幸せになれる」のはなぜかと、ちゃんと説明することができます。

自己資金がないので無理？

住宅ローンを組む際に、皆さんが一番疑問に思われるのは、『自己資金がないと、住宅ローンも組めないのではないか』だと思います。

自己資金を準備できないと住宅ローンが組めないと思っている方は、何を根拠にそう思っていらっしゃるのでしょうか。お友達や知人から聞きましたか？　それとも、雑誌などにそう書かれていましたか？

これは自己資金の件だけでなく、何においても共通していえることだと思いますし、この本でも何度も言っていきたいと思っていますが、根拠のない、正確ではない情報に惑わされていると一生涯いえは建ちません。

ここで先に答えを言えば、自己資金がなくても住宅ローンは組めます。

そもそも一般的に自己資金がないというのは当たり前なんですよ。

私のお客様は若いご夫婦が多いのですが、所得が低くて生活するのに精一杯。また若い時に結婚して、子どもができていたりすると、貯金をする余裕なんてないですから、自己資金がないのは100%といっても過言ではありません。

ひと昔前は、自己資金が3割ないと住宅ローンは組めない時代でした。しかし今の時代は違います。銀行も不景気で金利を稼ぐために、誰かにお金を貸したくて仕方ありません。若くて社会的信用がなく、なおかつ自己資金がなくても、銀行も貸す場所がなくなった以上、そうした若い方も含めて住宅ローンで囲い込みをすることに活路を見出しています。

そうした現状に後押しされる形で、自己資金のない方でもちゃんと住宅ローンを組んでいますよ。

どこの銀行で、どんなローンを借りればいいのか分からない

（なんと67%の人が自分にあっていない銀行ローンを選んでいる）

例えば平成25年の一年間で、私のところで住宅ローンの相談を行った方が122名、そ

の中で30前半までの方が103名、そのうち73名の方が自分に合わないローンを選んでいました。

住宅ローンは何がいいのかという話になる際に必ず出てくるのが、金利の話です。

変動金利なのか固定金利なのか、どちらが得なのかという話です。


変動か固定かというのは、年齢などお客様の状況によって選ぶべきものですが、

「今がお得ですから」

などと金融機関に勧められて、私から見たら、それは選び方を間違っているのではないかと思うような住宅ローンを選んでしまっている方がとても多いのです。

それも若い人ほど間違っているように思います。


しかし、これは間違った住宅ローンを選んでいる側だけの問題ではありません。金融機関側の問題でもあります。

金融機関はさまざまな商品を持っています。

ひとつの金融機関であっても、住宅ローンを何種類か持っていることは珍しくありません。

金融機関はお客様にお金を貸すことが仕事で、お金を貸さなければ儲からないので、自分たちにとって一番利益の出る商品を売りたいと思うのはごく自然なことです。


「私たちはお客様の立場に立って」

といくら口で言っても、向こうも商売ですから、やっぱり自分たちの利益を優先する傾向にあります。つまり借りる側にとって一番良い条件のローンを勧めてはくれないのです。

これは建築業者も同じです。本当はこんな豪華で広いいえはお客様にふさわしくないと思っても、一番儲かる方法を考え、いかに一円でも高く売るかばかりを考えているため、身の丈に合わないいえを売りつけることになるのです。

それであなたが破綻しようが、どうにかなろうが知ったことではないというのが本音でしょう。

自分がいくら借りられるのかわからない

金融関係者はさておき、そもそもお金のことが得意だという人は少ないでしょう。

何千万円の住宅ローンを組もうとしている人が、自分が勧められている住宅ローンの内容を十分に理解できているかといえば、それはとても難しいことです。

しかし自分がいくら借りられるのかもわからないまま、漠然といえづくりを進めていては、これから20年、30年かけて返済し続けるにしては、あまりにも不安です。

金融のプロではないのでお金のことを知らないのは仕方ないかもしれませんが、「私には難しくてわからないからプロにお任せします」では終われないのがお金のこと。

最初からギブアップすることだけは止めましょう。

もちろん、私のところでいえを建てる方には、しっかり考えていただくように何度もお伝えしますし、お金のことに無頓着な方には、本当にいえを持つべきなのかという疑問を投げかけていますが、興味ないからでは済まされない、それがいえづくりにおける資金計画です。

私たちはじっくりとお客様のライフプランを設計し、資金計画を立てていくのですが、年収や支出などから計算していけば、今のあなたならどの程度の金額まで借入が可能なのかが計算され、すぐに出てきます。

最近では住宅メーカーでもライフプランを設計してくれるところが増えました。自分の財布の中をのぞかれるようで、あまりいい気分がしないかもしれませんが、はたして自分はいくら借りられるのか、ちゃんと確かめたうえで、いえづくりに進んでください。

ローン審査で何度も断られる理由

何行かの金融機関で住宅ローンの審査が通らなかったとしたら、これはご自身に問題があると考えていただいて構いません。

何行からも断られたあなたに対して、簡単にＯＫを出すような金融機関があるとするならば単純に、

「借りられてラッキー！」

と喜ぶのではなく、ご自身の経済状況などを振り返ってみるべきでしょう。

もしかしたら、良いとはいえない条件のある商品を勧められているだけかもしれません。

そうなった場合、あなたが将来的に苦労するのは目に見えています。

収入が低いなどの理由以外に、なぜかローン審査に落ちるという方がいます。いったい何が問題なのでしょうか。

これはさまざまなケースが考えられます。

例えばよくあるケースだと、車のローンやそのほかのローンを返済中であること。

奨学金で大学に進学し、その奨学金の支払いが滞っているということで、ローン審査に落ちることもあります。

もちろんこれはひとつの例であって、さまざまな要因が考えられます。

ほかに借入があれば、当然審査に通りにくくなりますが、これは本当に千差万別で、一概にこれがどうだとは言えません。

しかし住宅ローンが組めなければ、いえは建てられません。

何とかしてローンを組まなければいけませんが、ローンの審査に通りやすくするためにあなた自身でできることがあります。どんな配慮が必要なのか、ローンの審査に通りやすい人になるためのポイントは後程ご紹介します。

主人に万が一の事があったら…（ローン返済の危機、死亡・病気・ケガ・リストラ）

人生にトラブルはつきものです。

いくら住宅ローンを無事に借りることができたとしても、準備万端でいえづくりに取り組み、そして完成したとしても、何が起こるかわかりません。

金利が大幅に変動し、ローン返済の危機に見舞われる、大黒柱であるご主人がお亡くなりになる、または病気を患う。お勧めしている会社の経営状態が悪化しリストラされることだって考えられます。

そう考えると不安はどんどん大きく膨らみ、多額の借金を背負ってまでいえなんて建てられない、と自信がなくなるかもしれません。

今までそうした不幸に見舞われたお客様はいませんが、それは私もお客様もラッキーだったのだと思います。しかしただラッキーだっただけではなく、病気や天災とは違い、自分たちの心掛けでなんとかなるお金のことなどは最善を尽くすようにしています。

何かの時のために備えておくことは必要ですが、見えない先のことばかりを考えていても仕方ないように思います。

重要なのは、何かが起きた時に、できる範囲で最善の対処を行うことです。

ご安心ください！　こんな方でも大丈夫

マイホームを手に入れられない人の理由はさまざまに考えられます。

それらの問題をクリアするための手法を、これまでの経験の中で生み出してきました。

ここまで読んでいただいて、諦めていたけれど私でもマイホームを持てそうだと思ってもらえると嬉しいのですが、考えつく限りの、さらに難関な条件をここで出しておきたいと思います。

住宅ローンを借りる方が、自分は借りられないだろうと思い込んでいる方の条件は、およそこのような条件でしょう。

・シングルマザー
・自営業者
・返済遅延・未払い等の事故がある方
・自己破産経験者

これらに該当する方、ぜひうちへお越しください。悩む前に一度ご相談ください。そう言われてほっとした方がたくさんいらっしゃるでしょうし、私はそうした方のいえをたくさん建ててきました。

第４章で私のお客様の事例をいくつかご紹介しますが、第４章を読んで、私も同じような状況だと思われた方ならば、まだまだ可能性は残っています。

まだお会いしていないので状況を伺っておらず、はっきりと判断はできませんが、可能性はゼロではありません。

ご安心ください。そして一緒に幸せになるための住まいづくりを始めましょう。

コラム

四国といえば四国八十八ヶ所

今を去ること1200年前。弘仁6（815）年、弘法大師（空海）が42歳の時、人々の災難を除くために四国に開いた88の霊場。弘法大師亡き後、弟子たちが全行程1450㎞の遍路を巡ったことが四国八十八ヶ所、お遍路の始まりと伝えられています。

徳島県は「発心《ほしん》の道場」といわれ、第1番の「霊山寺」から第23番まで23札所があります。山深いところにある第12番「焼山寺」は八十八ヶ所中一番の難所といわれています。

高知県は「修行の道場」といわれ、第24番から第39番まで16札所があり、太平洋や四万十川などの自然を満喫しながら巡礼ができます。中でも第27番「神峯寺」の見事な景観を誇る庭園は必見です。

愛媛県は「菩提の道場」といわれ、宇和郡の第40番「観自在寺」から四国中央市の第65番「三角寺」まで26札所があり、松山市、今治市、西条市など市街地にお寺が集中しています。険しい遍路が続く第60番「横峰寺」はシャクナゲの名所ともされています。

香川県は「涅槃《ねはん》の道場」といわれ、第66番から第88番までの23礼所があります。第75番「善通寺」は弘法大師生誕の地であり、真言宗善通寺派の総本山です。また高野山、東寺とともに弘法大師三大霊場の一つでもあります。

八十八ヶ所をすべて巡り終えることを「結願《けちがん》」といい、願いが叶うとされています。第88番から第1番へ巡礼することを「逆打ち」といい、第1番から第88番まで巡る「順打ち」の3回分のご利益があるといわれています。

弘法大師が旅の間、見守ってくださり、一人ではないという「同行二人《どうぎょうににん》」と書かれたすげ笠や頭陀袋《ずだふくろ》を身に付け、金剛杖を持ち、あなたもさまざまな願いと共に心の修業の旅に出てみてはいかがですか。

皆さんにお勧めしてはいますが、私自身もまだお遍路は未経験です。生きている間に一度は回らなければと思ってはいるものの、日々忙しくなかなか実現しません。

知人の多くはリタイア後に回っていますが、私は生涯現役でいるつもりなので、リタイア後にというわけにもいきません。どうしたものかと迷っています。

第2章

私はいかにして住まいのコンシェルジュとなったのか

京都での修行時代

呉服屋の長男として生まれて

私の夢、それは一生懸命生きている人を、おもてなし（ホスピタリティ）の精神《こころ》を持って徹底的にサポートし、身の丈にあった「じぶんサイズのいえ」を持ってもらえる世の中にすることです。

「じぶんサイズのいえ」を持つ人が一人、また一人と増えていけば、愛媛県に住む人たちの中に幸せが溢れます。

びっくりするくらいとても大きな夢です。しかし何としても叶えたい夢です。

この大きな夢をなぜ私が抱くようになったのか、この章ではその話をしていきたいと思います。


私は呉服屋の男3人兄弟の長男として昭和27年に生まれました。ですから今の仕事はもともとの家業ではありません。

私が1歳のころに亡くなった祖父は事業家でとても思いやりのある人だったようで、養子として佐々木家に入り、呉服屋を大きくしたのみならず製紙会社も経営していたようです。しかし取引先数社の保証人となり、田畑を売り払ったのみならず今でいえば数億円の借金も抱えました。祖母と私の両親が長年かけて完済したと聞いています。

そんな状況でしたので、両親は仕事で忙しく、私は祖母に育てられました。だから私はかなりのおばあちゃん子です。

お金のことで苦労していたせいか、祖母も母も私に信用の大切さを説きました。

たとえ借金があっても誠意をもって返し続けていけば、信用が山ほどついてくる。必ず信用という財産になって自分に返ってくると教えられました。

「人様に迷惑を掛けるな、人の役にたたんとイカン」

何度も何度も聞かされた祖母の口癖が、今の私の信条にもつながっています。

呉服屋の長男だから、当然呉服屋を継ぐのだと言い聞かされ、日本を代表する呉服問屋街である京都の同志社大学に進学。

大学時代は、たくさんのアルバイトを経験しました。

バーテンダーや夜中のゴミ収集、ヤッチャバ（中央卸売市場）で野菜を運んだり……、どれも懐かしい思い出です。


私が根っからの人好きだからなのか、話しやすいのか、顔を出す場所、場所でよく人から相談を受けました。

夜の蝶と呼ばれるきれいなお姉さんから、市場で働く強面のおっちゃん、私の父親世代の人たちまでが私のような若造に相談されるのです。

その度に、

「なんだか話しやすい、こんな話誰にも言ったことないのに」

なんて言われて、

「そうですか？」

なんて返事はするのですが、性分なのか、体質なのか、とにかくこの頃からいろいろな人の話を聞いていました。

私からあれこれ聞くのではなく、相手の話しをしっかりと聞くので、喋りやすかったのだと思いますが、人の相談に乗るたびに祖母の「人の役にたたんといかん」という教えを思い出しました。

私が話を聞くことでその人が救われるなら、それは少しですが人の役に立ったということになります。

私が出会った人の中には、いわゆる裏の世界の人もたくさんいましたが、なぜかほかの人に恐れられるような人からめちゃくちゃ可愛がられるんですね。ほかの人には悪さをするのですが、私には手を出してこない。理由はわからないけれど、とにかく可愛がられる。悪さをする人たちも、根はいい人です。生まれた時から悪い人なんて、そういません。しかし色々な事情があって、悪さをする人になってしまった。だから心底、その人たちを嫌ったり憎んだりできないと感じることができたんだと思います。

もう時効だと思うので言いますが、私のそんな裏の世界の人たちと一緒になって短い間でしたがたくさん遊びました。山ほど博打もやりました。

ところが何度やってもボロ負け。ギャンブラーとしての才能がまったくない！　せっかくアルバイトして貯めたお金がどんどんなくなっていくので、ばからしいと思いそれから博打は一切止めました。博打で使い果たすくらいなら、おいしいものを飲んだり食べたりするほうがよっぽどいいと思ったからです。

以前はヘビースモーカーでもあったので、吸いたい人の気持ちもわかります。体に悪いとわかっていても、なかなか止められないものです。

すべてがいえづくりの知識の下積み

そんなはちゃめちゃな学生時代を送っていた昭和48年、「呉服屋には将来性が乏しいから不動産屋を始めた」と親から聞かされました。

着物離れが進んでいる呉服業界から潔く身を引き、その当時隆盛を極めていた不動産業界に転身すると言うのです。

びっくりしました。

長男である私は必ず後を継ぐものだと再三言われて育ちました。

家業が呉服屋から不動産屋に替わるならばそれに従うしかありません。悩んだ挙げ句翌年猛勉強し、宅地建物取引主任者資格もとり、経営の勉強をさせてくださる人はいないかと探しました。

そこで出会ったのが大学は違うものの、私の九歳年上にあたるMさんです。

Mさんが不動産業で起業するということで、その会社に入社し、一から仕事を覚えていきました。Mさんは経営手腕のある方で、不動産会社、建築会社、管理会社とどんどん事業の規模が大きくなっていきます。

その度に私はいろいろなことを学ばせていただき、最終的にはその中の一社を任せていただくまでになりました。

仕事のやり方だけでなく、人間関係をどう築くのかといった社会勉強もたっぷりさせてもらい、私は生まれたからには、多くの方の役に立つ人間にならなければいけないという思いを強くしていきました。

大学生時代と同じように、本には書けないようなはちゃめちゃな裏社会を見ることもありました。厳しさも知りました。しかし、それらすべてに無駄なことはなく、今の私をつくったと思っています。

いえの種類はお客様の数だけあります。それぞれのお客様によって事情も違うし、いえに対する要望も違います。多種多様のお客様の住まいを形にしていくという今の仕事に、この時の経験が活かされているのでしょう。

地元に戻った浦島太郎時代

様々な役割で感じた地元の宝（子ども）

ある時、両親の体調が悪いと知らせが入りました。

そこで結婚を機に実家のある川之江町に帰り、当時は父が社長を務めていたわが社に入社しました。昭和59年のことです。

しかし帰ったのはいいけれど、中学に入学と同時に地元を離れて20年近く経っていた私は浦島太郎状態。生まれた地元のことですが、地理もよくわからないような状態になっていました。

どうすればいいのかと悩みました。

そこで思いついたのが地元の活動に参加することです。まずは青年会議所の会員になりました。そこで同世代の仲間にたくさん出会いました。

子どもが生まれてからは、ＰＴＡ活動などに積極的に参加するようにしました。すると自然に地域で仲間ができていき、すんなりと地域に溶け込めるようになっていったのです。幼稚園、小学校とＰＴＡ活動などを通して感じたのは、子どもは未来からの預かりものであり、育て方次第で日本そのものが変わるということです。

大げさかもしれませんがこれから先、愛媛だけでなく日本全体の問題として考えていかなければいけない少子高齢化が進む今、子どもたちがすこやかに育っていく環境を作ってあげることが非常に重要であるということ、ＰＴＡの仲間や実際にうちのお客様、たくさんの親御さんの相談を受けてきて、いえが果たす重要な役割がある、住まいが大事だということを強く感じています。

ところで、

「どうしてこの本は、『家』が全部ひらがなで書いてあるのだろう」

と疑問に思われた方もいらっしゃると思いますが、そうした経験から私は「家」をひらがなで「いえ」と書くことを習慣にしています。


「家」という漢字を思い出してみてください。

屋根を表す「うかんむり」の下で、大切な家畜を守っています。

もちろん家畜も大切ですし、建物という広い範囲で考えれば、体育館や学校の校舎も工場も倉庫もすべてが建物であって、それぞれに重要な役割があります。


そして建てられた建物は人に使われますが、それらの建物を建てる時に、どんなご家族が住み、どんな暮らしを営んでいくのかといった具体的かつ限定的な情報はありません。

しかし住宅は違います。

それも建売住宅やマンションではなく、お客様と一から考えて理想を形にしていく注文住宅では、最初からどんなご家族が住み、どんな暮らしを営んでいくのかを知った上でいえを建てます。

まさに人が主《あるじ》となった建物です。

私はそんな人が主《あるじ》になる住まいをつくりたいのです。

そこで人が暮らしを営むための「家」だから、あえて「家」という漢字を使わず、ひらがな書きをしています。

いかに人が大事か。人の大切さに差はないかもしれませんが、特に今後の未来を担う子どもたちが一番大切で、この子どもたちを愛情いっぱいに育てられる器、つまりその住まいが一番大切。

そんな素晴らしい住まいを提供できる工務店であり続けることが私の目標なんです。

一生懸命なあなたには誠心誠意何年でもお付き合い

理想のいえづくりを求めて

そうした経験をもとに、京都時代に学んだ建売の知識を活かして、建売住宅部門をつくり、不動産に留まらず、工務店としての役割を果たせる会社になるようシフトしていきました。

今まで不動産屋だったので住宅の依頼を受けても、現場での実作業は建築業者に下請けに出していたのです。自分たちで建築業を行えば、下請けに出すよりもいえが安く建ちます。その浮いたぶんをお客様に還元できるのではないかと思いついたのです。

それと同時にこれも京都時代に勉強させていただいたことですが、保険の見直しや住宅ローンなど資金計画などのアドバイスまで含めた住宅コンサルタントにも幅を広げていきました。

こうすることでワンストップサービスを提供できる工務店、ほかの工務店などでお断りされて途方に暮れているお客様の駆け込み寺的な工務店になれるのではと考えたからです。

例え自己資金がなくても、シングルマザーであるといった家庭の事情を抱えていても、夢を諦めない、一生懸命な方には、私も誠心誠意、いえが建つまで何年でもお付き合いすることに決めています。

毎日を精一杯生きていても、何かしら補いきれないところは誰にでもあります。でも精一杯生きているって素晴らしいことです。できるならば、その気持ちに報いて差し上げたいと思っています。

愛媛県内だけをみても、工務店は星の数ほどあります。その中で、たまたまかもしれませんが私のところに来ていただいたのです。「袖振り合うも多生の縁」とはよく言ったもので、このご縁を大切にして、私に関わるすべての人に幸せになってほしいのです。

いえを手にすることで、幸せになれる方はまだまだたくさんいらっしゃるはずです。そして、私には無理だと諦めている場合も、努力次第で手に入れられる可能性は十分にあります。

ご縁のある方全員の笑顔のために、私はこれからもずっと頑張り続けたいと思っています。

コラム　名城が集まる愛媛県

「日本100名城」は、財団法人日本城郭協会が2006年4月6日「城の日」に定めたものですが、そのうち5つの城が愛媛県内に存在しています。県単位で見ると長野県・兵庫県と並び全国トップです。

これだけの名城が残っているということは愛媛県の誇りでもあると思いますが、私は歴史に興味があり城を眺めながら昔を想像するのが好きなので、ここでちょっとだけご紹介させていただきます。

城も昔の人が暮らした住まいの一つですから、その点から見ても興味があります。

商売柄、建物を見るとつい、「これはどうなっているのか」「どんな工夫がされているのか」と何でも反応してしまいます。

今治市にある今治城は県指定史跡で、高松城、中津城（大分県中津市）と並んで三大水城のひとつ。

別名吹上城、吹揚城とも呼ばれています。

慶長7（1602）年に藤堂高虎により城築され、明治6（1873）年に廃城。

石垣、堀の遺構があり、模擬天守、鉄御門、多聞櫓5棟、石垣が再建されています。


松山市にある湯築城は国の史跡で、梯郭式平山城。

14世紀前半に河野氏により築城され、天正15（1587）年廃城。

土塁、堀の遺構があり、武家屋敷と丘陵が復元されています。


同じく、松山市にある松山城は国の史跡で日本最後の完全な桃山文化様式の連郭式平山城。

別名金亀城、勝山城といいます。唯一「葵の御紋」が付されている三大平山城のひとつです。

慶長7（1602）年、加藤嘉明により着手され、松平（久松）氏を経て、明治6（1873）年廃城。

現存天守、櫓、門、堀、井戸、石垣、土塁、堀の遺構があります。

小天守、北隅櫓、十間廊下、南隅櫓、太鼓櫓、筒井門、太鼓門、乾門、艮門、東続櫓などが再建されています。


中学時代を松山市で過ごした私にとって、とても思い出深い城です。

陸上部に所属していたので、天守閣を目指して走り込んだものです。


大洲城は県指定史跡で、梯郭式平山城。

元徳3（1331）年、宇都宮豊房により築城され、藤堂氏、脇坂氏、加藤氏を経て明治3（1871）年に廃城。

櫓、石垣、塀の遺構があり、天守、多聞が再建されています。


宇和島城は国の史跡で、梯郭式平山城。

天慶4（941）年、橘遠保により築城され、藤堂氏、伊達氏を経て、明治4（1871）年廃城。

現存する天守閣の中で日本最南端、最西端にあり、廃城時に持ち去られていることが多い障子建具が唯一存在しています。
別名鶴島城、板島城、丸串城。天守、門、石垣の遺構があります。

第3章　こうして解決「いえづくり」の不安

住まいのコンシェルジュがお教えします

まずは基本から　いえづくりの流れ

私は身の丈にあった「じぶんサイズのいえ」を持つことで幸せになれる人をどんどん増やしていくことを目標にしていますが、では「じぶんサイズのいえ」とはどんないえなのでしょうか。

この章では具体的な「じぶんサイズのいえ」について話を進めていきたいと思います。

いえづくりが不安だとおっしゃる方の大半は、いえづくりが初めてで何も知らないからです。しかし人生で一度持つか持たないかというようないえについて、知らないのは当然だと思います。ですが、少しでも知識を得ると不安がどんどん解消されていきます。

プロでなければ的確な判断が難しいお金のことや、土地探しのポイントは私たちと一緒に解決していけばいいのですが、まずは完成までどのような手順を踏んで進んでいくのかを知っておきましょう。

（1）住宅ローンの正しい知識を得る

借入ができなければいえは建てられません。そして、これからあなたは何十年とかけて返済し続けるのですから、正しい知識を得ておきましょう。

金利負担をいかに少なくするか諸経費の押さえ方、節税の方法などをレクチャーします。

（2）住宅ローンの支払いをシミュレーション

あなたの年収、年齢、自己資金の有無などから、借入額を検討していきます。

（3）資金計画書の作成

お子さんの進学や車の買い替え、長く住み続ければメンテナンスも必要です。そうしたライフイベントを考えながら資金計画書を作成していきます。

（4）仮審査

金融機関に住宅ローン借入の申請をします。仮審査を通過すれば少し安心です。

（5）土地を探す

何度かお伝えしているように、愛媛県は土地が手に入りにくい県です。長期戦になるかもしれませんが、一緒に探していきましょう。

周囲の環境はどうでしょう？　上下水道など設備費用の負担はどの程度になりそうかを検討しながら選びます。

（6）融資特約付土地売買契約締結

この土地を買いますよという契約書「不動産売買契約書」を締結してから本審査に入るのが一般的です。お金を借りられなくなったのに、土地は買わなければいけないという事態を避けるために時に行います。もしもお金が借りられなくなったら、この土地は買いませんよという契約を結ぶのです。融資特約付売買契約が結べない場合は、現金で購入金額を用意することになります。だからこその（4）仮審査なのです。

（7）建物の打ち合わせ・請負契約

そこに暮らすご家族全員のご要望を聞き、その中から予算の範囲で実現できることに絞り、夢をカタチにしていきます。

たくさんのことを決めていかなければいけない作業なので大変ですが、楽しくもあります。

間取りなどすべてが確定したら請負契約締結などの事務手続きを踏みます。

(8) 本審査

仮審査を行った金融機関で本審査を行います。

(9) 土地購入

住宅ローンの審査に通れば借入ができ、土地代金を決済します。

(10) 地鎮祭

いよいよ建物の工事に入ります。その前に工事の安全を願う地鎮祭を行います。

土地の神(氏神)様を鎮め、土地を利用させてもらうことの許しを得る神事です。併せて地盤調査や基礎工事も行います。ここで着工金を支払います。

(11) 上棟式

柱梁などを組み立てた段階で、上に棟木を上げることを指します。お施主様が工事に関わる職人などに向けて感謝の気持ちを表すために執り行います。

この時点で、中間金を支払います。

ここまで着実に進んでいけば、あとは完成を待つのみです。

私のお客様では、最初にご相談にお見えになってから、およそ8カ月程度でマイホームの完成に至る方が多いです。

しかし「住まいの駆け込み寺」を自称する私のところには、複雑な事情を抱えたお客様もたくさんお見えになるので、何年もかけてやっとマイホームを手に入れる方もいらっしゃいます。

(12) 完成・登記・残代金決済

建物が完成すれば、表示登記・保存登記・抵当権設定登記・竣工検査を経て残代金の決済をします。

そしてすべてが問題なく終わったら、翌年の確定申告の準備を行います。住宅ローンを減税するための手続きを行います。

約5000種類のローンから自分に一番合うものを選ぶ

すぐにローン審査に手を出さない（住宅会社で勧められても仮審査の申込をしない）

いえづくりの流れを見て、

「あれ？　いえをつくるんだから、間取りから考えるんじゃないの？」

と思われた方もいるかもしれません。


事実、そう思っている方がけっこう多く、そのためいえづくりにおける私の仕事は、お金の大切さをご説明することから始まるといっても過言ではありません。

すべて現金で支払うという方は別として、ほぼ１００％に近い方が住宅ローンを組むのですから、まずはお金のことを考えなければ、一生いえは持てませんよね。

ということでまずは住宅ローンの知識を得て、シミュレーションし、住宅ローンの仮審査を行うことになるのですが、ここで気をつけていただきたいのが、住宅会社に勧められてもすぐに仮審査の申し込みをしないでいただいたいということです。

これは非常によくある落とし穴とも言うべきことなのではじめにきちんとお伝えしておきますが、いえを建てたいと思ったら、皆さんが最初にすることは多分住宅会社に相談しに行くことだと思います。

そこで営業担当者とあれこれ相談をしますることになります。

すると営業担当者が、

「お客様が実際にいえを購入できるかどうか、金融機関に仮審査を申し込んでみましょう」

と言ってきます。

展示場などでモデルルームも見学し、テンションが上がっているあなたは、

「仮審査ならいいか…、これで決まるわけでもないし」

と、営業担当者の提案に乗ります。

これのどこがいけないのでしょうか？

私がご忠告したいのは、住宅会社はお客様にとって得かどうかではなく、自分たちの会社にとって得かどうかで住宅ローンの商品を選んできます。

自分たちにとって有利な条件がある商品を勧めたい、当然ですができれば1円でも多く儲けたいと思うのです。自分たちが損をしてまで、あなたに最適な商品を紹介するようなことはしません。すべては自分たちのためなのです。


だから住宅会社に紹介してくる商品は限られています。

ひとくちに住宅ローンといっても無数にあります。

ベースとなる商品にオプションを付ければパターンは無限大で、おそらく5000種類はあると思います。

それほど数があるのに、まったく比較もせず、1つの商品を勧められたからといって、安易に仮審査なんてするべきではありません。

与信は、3ヶ月で3回が限度なのにムダにいろいろな銀行に仮審査すると、本審査に通らなくなることがあります。

人の心理として、

「仮審査が通りました」

と言われれば嬉しくなり、

「じゃあお願いします」

と言いたくなるのです。

それが驚くほどあなたに不利な内容でも……。

まずは身辺整理から（クレジットカード、カーローン、携帯など）

特に年収300万円台前半の方は、ここが重要です。

しっかりと読んで、実行してください。まずは身ぎれいにしていてほしいのです。

住宅ローンの審査に通りやすくするためにも、借入額をしっかりと確保するためにも身辺整理は必要です。

まずは、クレジットカードから見ていきましょう。

百貨店などで買い物をした際に、
「キャンペーン中です」
なんて勧められてついついクレジットカードの契約をしてしまう。
お人好しさんほど多数のクレジットカードを持っています。

例えばあなたが持っているクレジットカードでキャッシングや何か商品を購入したことによる分割払いで合計50万円の借入があるとします。すると住宅ローン以外で50万円も借入があるのならば、あなたの返済能力が毎月3万円前後マイナスの評価をされます。

年収300万円であれば、年収の30%にあたる90万円までの返済能力があると判断されるのが一般的ですが、それが1枚のクレジットカードを持つことによって、クレジットカードでの借入がある分36万円（3万×12ヶ月）減額されて、64万円の返済能力しかないと判断されてしまうのです。

借入が思いっきり減るということは、それだけ小さないえと土地しか購入できないということになります。

実際にクレジットカードを契約はしたものの、全然使わないままでクレジットカードの存在すら忘れていたという方も危険です。

例えばクレジットカードは契約者を増やすために、最初の1年目は会費無料などのキャンペーンを打ちます。そして2年目から会費を支払ってくださいということになっているのですが、使っていないカードの会費なんてすっかり忘れている。それがたまたま普段使っているメインバンクではない銀行口座から、会費を引き落とすことになっていて、残金不足で引き落としにならなかったら……。

たまたま支払わなかった、数千円の会費のせいで信用が一気に落ちる。カードというのは、そういうものなのです。

車のローンも同じですが、銀行によっては住宅ローンの借入の際に、車のローンも組み直してくれるところがあります。そうした微調整を行いながら、支払い期限に支払いを忘れない、払えないということがないように計画していくことが大事です。

けっこう失敗するのが携帯電話を購入した時の分割返済です。5万円の携帯電話を購入し、仮に毎月5000円ずつ使用料と合算して支払っているとします。

これだけで年間約6万円の返済能力が削られてしまいます。あと1回残っていただけでもそうなるので年収の低い方にとっては非常に痛手です。

だからクレジットカードは住宅が完成するまでつくらない、あれば精算して解約する、これが鉄則です。

住宅ローンは返せる金額で

住宅会社が勧めてくる住宅ローンに安易に決めてしまわないだけでなく、自分の収入で、本当にこの借入額を返済していけるのかどうかを判断する必要があります。

それは、この章の始めに「いえづくりの流れ」の中に組み込まれている、（2）住宅ローン支払をシミュレーション、（3）資金計画書の作成などを通して、私と一緒に判断していきましょう。

自分たちに有利な住宅ローンを勧めてくるのは住宅会社の営業担当者だけでなく、金融機関の営業担当者も同じです。

お客様都合で選んだ商品を素直に勧めてくれる営業担当者は非常に少ないと思ってください。

住宅の知識以外にお金のことに詳しい住宅メーカの営業担当者がいないということも理由の一つでしょう。

知識がないので、例えば企業間の結びつきが強い金融機関に勧められた商品を何も考えずに勧めているだけです。お客様に「この中から選んでみてはいかがですか」といった提案と選択をさせることもしません。

また金融機関の営業担当者は私に会えば、「うちの商品をお客様に紹介してください」とお願いしてきます。

融資担当というのは2~3年単位で変わりますが、どこの金融機関もまるで判で押したように、担当者が変わるたびにお願いしてきます。まさにお客様都合ではなく、自分たち都合です。だからそんな言葉には耳を貸さないようにしています。

私は元々不動産屋から工務店になったので地元の不動産の状況に詳しく、長く売れていない物件は交渉すれば安くなることも知っています。地域活動で知り合った地元の仲間たちとの輪が広がれば、業種が違っても協力関係が築けます。

地元の銀行を回り、私のお客様のように年収が低い方でも、自己資金がなくても借りられる商品を一緒に開発してきました。

お客様の勤め先によっても有利な銀行、特に有利でもない銀行もありますが、そうした情報は銀行としっかりとした信頼関係がなければ得られません。

そういったことから、お客様にとって有利な商品を公平な目で見る力を養ってきました。

1円でも多く借りてもらったほうが、住宅会社は豪華ないえを建てることにつながり、自分たちが儲かる。1円でも多く貸すほうが、金融機関はより多く金利を確保することができるので儲かる。だからこそ、あなたの収入などから判断された返せる金額ではなく、借りられる額の最高額を伝えてきます。

借りられる額ではなく、返せる額で判断しなければいけません。

借りられる額と返せる額では大違いなのだということを理解しておいてください。住宅ローン破綻でせっかく建てたマイホームを手放すようなことになりたくなかったら、返せる額を守ることです。

ローンというのは非常に恐ろしいものです。

その仕組みを知らなかったばかりに、人生を揺るがしかねない、命取りになることがあります。本当に恐ろしいものです。そしてそれ以上にとても複雑でわかりにくい性質を持っています。

だから私はお客様にご説明させていただく時に、丁寧に根気よくできるだけ詳しくお伝えしなければと思うのです。

今の時代、インターネットで調べると基礎知識程度はいくらでも探し当てることができます。しかしこの場合はプロに、それも実際にローンを支払っていくあなたにとって有利なものを判断・選択してくれるプロにお任せしたほうがいいでしょう。

参考までに年収別の返済率表と、金利の3年固定型の目安を掲載しました。

■年収別借入可能返済率

300万円未満	300～400万円未満	400万円以上
年収の～ 25%	年収の～ 30%	年収の～ 35%

■3 年固定型の目安

（保証料込1.2%、4～6年目1.9%（基準金利）、35年元利均等返済）

年 収（万円）	年間返済可能額	返済可能月 額	借 入限度額	月 額（～３年間）	月 額（4～6年間）
300	900,000	75,000	2,570 万	74,967	83,096
310	930,000	77,500	2,650 万	77,301	85,682
320	960,000	80,000	2,740 万	79,926	88,592
330	990,000	82,500	2,860 万	83,426	92,472
340	1,020,000	85,000	2,910 万	84,885	94,089
350	1,050,000	87,500	2,990 万	87,218	96,676
360	1,080,000	90,000	3,080 万	89,844	99,586
370	1,110,000	92,500	3,170 万	92,469	102,496
380	1,140,000	95,000	3,250 万	94,803	105,082
390	1,170,000	97,500	3,340 万	97,428	107,992

年収300万円の場合

土地＝借入総額－（諸費用＋建物）＝2,570 万円
　　－（100 万円＋1,600 万円）＝870 万円

⇒ 40 坪だと@21.75 万円／坪まで購入可能

年収390万円の場合

土地＝3,340 万円－（100 万円＋1,600 万円）＝1,640 万円

⇒ 40 坪だと@41 万円／坪まで購入可能

※建物 32坪、4LDK、エコキュート付、オール電化、自由設計、耐震等級 3 級、長期優良住宅仕様、太陽光発電 4kw 付

これからいえを建てよう、住宅会社を訪問しようかなと思っているなら、まずはご自身の年収でどの程度の額を返済するのか、確認してみましょう。

あせらず時間をかけるとより良いタイミングになる

いえづくりには瞬発力が求められる時と、あせりは禁物でじっくりと取り組まなければいけない時との両方があります。

というのも、例えば愛媛県のように土地が少ない県では、新しい土地を誰もが狙っています。やっと新しい土地が出ても、迷っているうちに売却済みとなってしまうことも多々あります。

いざという時に素早く購入を決められるためにも、自分は土地をどのような基準で選ぶのかをしっかりと決めておかねばなりません。

一方であせっても良くない時というのはどんな時でしょうか。

それはいいえを建てたいと思っているのに、まったくお金に余裕がない時です。

私は年収300万円でもいえを持ちたいという方の夢をたくさん叶えてきました。

しかし、いえを建てたいばかりに無理をして日々の生活が困窮しては、楽しく暮らしていけません。

そんな時は、もう少し生活が安定したら改めていえづくりに取り組んでも遅くないですし、その間にコツコツ貯めて、自己資金を準備すればいいのです。


自己破産された方も同じです。

自己破産をしてから10年間は、その方の情報として自己破産という事実が公に残り続けます。自分が自己破産したことがどうして金融機関にバレるのか？　と思われるかもしれませんが、個人情報とはそういうものです。


携帯電話を購入して、クレジットカードで支払いを分割して払っているといった情報まで、調べようと思えば調べられる世の中なのです。

ですから自己破産された方はそこから先の10年はいえを持つことができません。

10年あせらずに待つ必要があります。

年収に余裕のない人と同じで、待ちの時を自己資金を貯める、生活を安定させるなどしながら辛抱強く待ちましょう。

1度の失敗でもあきらめない。絶対生まれ変わることができる

自己破産したら一生いえは持てない。それが世の中の常識かもしれません。

しかし私はその常識を何度も覆してきました。

10年間は辛抱が必要ですが、自己破産という1度の失敗であなたはこれからの長い人生を諦めて、暗い気持ちで過ごしていくのでしょうか。それでは人生楽しくないと思いませんか？　1度失敗しても人生はやり直すことができます。絶対に生まれ変わることができます。だから諦めない、努力し続けましょう。

第2章で私の半生について少しお話ししましたが、私の祖父はとても働き者で真面目な人だったのですが、付き合いのあった会社の保証人になり、不動産を取られたうえ、多額の借金を抱えました。今でいえば数億円という額だったと親から聞かされています。

しかし借金の相続放棄をせず、コツコツと返済し続けていく中で、金融機関をはじめ多くの方のご協力や信頼を得ることができました。

誠心誠意、一生懸命生きていくのだと決意した人間の思いというのは、確実に周囲に伝わります。だから私は生まれ変われるかどうかは、あなた次第だと思っています。

また実際にいえを建ててからも、住宅ローンで破綻し、いえを手放さなければいけなくなる人もたくさんいます。

住宅ローンを支払い続けることができなくなり自己破産すれば、財産すべて失うので、当然ながらいえも失います。

いえを失うということは住むところも失うということです。そうなると人生を立て直すのは容易ではありません。

しかし、そんな方には個人再生法という心強い制度もあります。

個人再生法とは、住宅ローンとそのほかの借金を分け、住宅ローン以外の借金を大幅に減額するだけでなく、分割で支払うことを可能にする法的な手続きです。

例えば住宅ローンと車のローンが重なり、支払いが滞ってしまった場合、膨大に膨れた月々の負担を軽減することができます。

自己破産と違い、いえを失うことがありません。

個人再生法の手続きを行っている間も、マイホームに住み続けることができるだけで全然気持ちが違うでしょう。

個人再生法の手続きをしたからといって、職場など周囲の人に知られることもありません。

また債権者は取り立て行為を行うことができなくなります。

もちろん一定期間は金融機関から融資を受けられないなどデメリットもありますが、1度の失敗であきらめる必要はないということを知ってほしい。

もう一度夢を見て、その夢を掴んでほしいのです。

住まいを持つことで生活が楽になる

不況の今こそチャンス！補助金や控除を利用しよう

（太陽光発電、長期優良住宅、低炭素住宅、地域木材の利用など／住宅ローン控除、その他の優遇税制など）

自己資金も年収も乏しい、だからいえが建たないと思わないでください。足りないところは補助金や控除を利用して補えばいいのです。ここに主な補助金や控除をご紹介しておきます。

（太陽光発電）

正確には「住宅用太陽光発電導入支援補助金」といいます。

太陽光発電用のパネルを設置する際に補助金が出ます。残念ながらこの補助金制度は2013年度で打ち切りが検討されているようです。

（長期優良住宅）

構造躯体の劣化対策、耐震性、維持管理・更新の容易性、可変性、バリアフリー性、省エネルギー性などが一定の基準を満たし、良好な景観の形成に配慮した住宅を建てる場合に補助金が最高で１００万円出ます。

（低炭素住宅認定制度）

都市の低炭素化（ＣＯ２排出抑制）を目的に施行された認定制度です。
木造住宅の場合は、木造住宅であるだけで低炭素化の認定要件を一つクリアできるという比較的認定基準が優しいものです。

ほかにも地域木材を利用することで補助金が出るなど、たくさんの補助金制度がありますし、住宅ローン控除も使えます。

しかしこうした補助金制度や控除のシステムは地域によっても若干内容が違うものがあるだけでなく、細かい規定があるので個人で判断するのは難しいでしょう。
そもそもこうした補助金制度があることを知らなくては使えません。実は申請できる補助金制度があるのに、知らなくて損しているひとは世間にたくさんいると私は思います。

光熱費を押さえるヒミツの方法

新築でいえを建てる場合オール電化にするようお勧めしています。こうすることで総合的に考えて光熱費が安くなるのです。

特に愛媛県はプロパンガスが主流なのでガス代がけっこう高いです。冬場の暖をとるのに灯油を使っているご家庭もありますが、灯油の価格も最近高騰しているので、一つにまとめてオール電化にすることでかなりの節約になります。

安い深夜電力や大気の熱を利用して、1／3のエネルギーでお湯を沸かすエコキュートの採用がおすすめです。

私のお客様の例をみると、毎月5000円~10000円程度は光熱費が安くなっています。

その分を住宅ローンの支払いに回すと考えれば、これからの資金計画が全然違ってくるのです。補助金が使える太陽光パネルを設置して創エネすることも大きな節約につながります。

ちなみに、太陽光発電による蓄電は蓄電池がまだまだ高価なため普及していませんが、今後補助金制度が充実してくると、もっと身近になるでしょう。

自分たちの光熱費を賄うだけでなく、余裕があれば電気をつくり、またレンタルのイメージの強い電気温水器は借りるよりも購入したほうが安くなります。

微々たることと思われるかもしれませんが、こうした細かい切り詰めが大事なのです。

住宅ローンは生命保険

マイホームが持てたといえども、住宅ローンは非常に負担だというイメージがあります。これは考え方を少し変えるだけで、負担というイメージを前向きに変えられると私は考えています。

〝住宅ローンは生命保険なのだ〟と考えていただくのです。

大げさに言えば、35年ローンではなく、支払いが終わるまで安心が続く生命保険だと思えばイメージが変わると思います。

どういうことかというと、住宅ローンは35年で返済する方法が一番多いのですが、40歳でローンを組んだ場合、75歳まで支払いが続きます。人生90年なんていいますが、もしかしたら途中で亡くなってしまうかもしれません。

そうなった時の安心のために、住宅ローンとセットで申し込む団体信用生命保険に加入しておくといいでしょう。通称「団信」と呼ばれる保険で、住宅ローンの返済途中で死亡、高度障害になった場合に、本人に代わって生命保険会社が住宅ローンの残高を支払ってくれるという何ともありがたい保険です。金融機関が「団信」の保険料を負担してくれる場合が多いのですが、自己負担の住宅ローンの場合でも掛金は安く、一般的な生命保険と内容は変わりません。

あなたが加入している生命保険のことを思い出してください。

毎月いくらの掛け金を支払っていますか？

特にご主人は何かあったら困るということで数万円単位の支払いを続けているという方が非常に多いです。

住宅ローンの返済としてではなく、毎月支払う生命保険だと思えば気分が楽になるのではないでしょうか。個人でこれまで契約されていた生命保険を解約し、その浮いたお金で、所得補償保険や疾病保険に加入しておくと、より安心することができます。

生命保険の話をしたので、ここでもう一つ、医療保険に対してもアドバイスを。健康に自信があるならば、医療保険を支払っているのだと仮定して、その支払い分を貯金するという「健康貯金」を始めてもいいでしょう。

例えば病気に罹って入院したら大変と医療保険に加入して、家族全員で毎月2万円支払っているとするならば、医療保険の支払いは年間で24万円です。しかし高額医療費制度のおかげで、月の医療費は最高8万円までと決まっています。

実際に入院して退院時の支払いが8万円を超えても、そこで高額医療費制度が適用され、8万円を超える請求は行われません。保険適用外の食事代を入れてもあなたが支払うのは10万円前後です。

いざという時のために年間24万円支払っているのに、よほどの保険適用外の治療でない限り、入院しても10万円前後しか支払わないのならば、10万円程度の貯金を蓄えておけば、入院することはそれほど金銭的に不安なことではありません。

毎月2万円の保険料から、実際に使った医療費を引き、その差額を貯金していくのです。そうすると健康な家族なら年間で10万円、20万円程度の貯金が貯まっていきます。

あなたと友達の弁当を比べてみる（貯金ができすぎて余ったお金の使い道、ゆとりの旅行・食事など）

職場の同僚たちと和やかな休憩時間。みんなでお弁当箱を広げたその時に、何となく同僚のお弁当の中身が気になります。

同僚は、

「いえを建てて本当に生活が苦しい。毎日生活するだけで精一杯だ」

と嘆いています。

今日のお弁当も白飯に梅干しが1個。寂しいお弁当です。

一方、同じようにいえを建てたあなたのお弁当はどうでしょうか。

おかずは昨晩の夕飯の残りの煮物と、卵焼き、それからウインナーをタコさんに仕上げました。

子どもがウインナーをタコさんにすると喜ぶから、大人のお弁当にタコさんは少々かわいすぎるかもしれませんが、そうしています。

同僚と自分のお弁当の豪華さの違いが誰から見ても一目瞭然です。ひいては生活水準も一目瞭然なのです。

確かに夢のマイホームを手に入れた。しかし生活に何の楽しみも持てなくなった、家族で出掛けることもなくなった、外食なんてもってのほか！

子どもには、

「夕飯のおかずがまた同じもの〜」

と文句を言われる始末。

ご主人は給料が上がらないので土日にアルバイトまで始めてしまった――。

それではちっとも楽しくありません。

先ほど紹介した「健康貯金」も、要はいえを建てても生活に潤いを持つためにご提案していることです。

「健康貯金」で貯まったお金で、家族と旅行や食事に行ってもいいでしょう。

そうしたゆとりがなければ人生はちっとも楽しくありません。

そして私はお客様の人生は、いえを建てたら終わりではなく、いえを建ててからがスタートだと思っています。

いえを建ててからの人生が今まで以上に素敵な輝くものにならないなんて、いえを建てる意味がありません。

そして私はいえを建てたことで輝きを失うようなお客様を絶対に増やしません。

じぶんサイズのいえを建てる

本当に必要なものを考えよう！

あなたのお弁当に卵焼きもウインナーも入り続けるために、自分の身の丈に合ったいえを建てましょう。それがいえを安く建てる一番の方法と断言できるくらい、本当に真剣に考えていただきたいところです。

例えば年収300万円で建てるいえの間取りは、その平均坪数から考えると、4LDKがちょうどいい大きさです。

使い勝手もいいので私は4LDKをお勧めしていますが、中にはどうしても、もっと大きないえがいいと言われるお客様もいらっしゃいます。

年収が300万円以上。自己資金も豊富なら問題ないでしょう。しかし多くのお客様が300万円前後の年収です。

街中の分譲マンションを購入するのと変わらない金額で、庭付き一戸建てが手に入る、しかも年収３００万円程度でという、この住宅業界の常識を破るような条件でいえを手にするには、優先順位を決めなければいけません。

４ＬＤＫのいえを建てるならば35坪あれば十分ですが、もっと大きないえが欲しいならば少し郊外で土地を探してみるなどの方法があります。すべてをトータルの予算内におさめなければいけないので、何かを優先させる分、ほかで調整するしかありません。

しかし本当に大きないえは必要でしょうか。必要だとするならば何のために？　その理由をしっかり考えておく必要があります。

そうしてじぶんサイズのいえにしていくのです。

家族全員で希望を出し合おう！

いえは、そこに暮らす人全員が幸せになるためにあります。

ですから、いえを建てる時にご夫婦の希望だけでいえをつくるのは良いことではないと私は考えます。つまり、お子さんがいらっしゃる、おじいちゃん・おばあちゃんが同居するということであれば、お子さんやおじいちゃん・おばあちゃんの希望もしっかり聞いてからいえをつくりましょうとお伝えしています。

その希望が資金面を考えて叶うのか、叶わないのかは別として、とにかく思うがままに希望を家族で出し合います。

その中で本当に必要なのか、そうするべきなのかを冷静に判断していくべきです。

そうした話し合いを重ねていくなかで、自分たちのいえなんだという強い思いが生まれ、それが家族の絆を深めることにもつながっていくと思います。

家族全員で希望を出し合って整合性を持たせて、優先順位を考え、優先順位の高い夢から叶えていく――。

仮に希望の3つ目まで叶えられたとしたら、4つ目は住宅ローンの支払いがスタートしてから、少しずつお金を貯めて実現していこうと決めていけばいいのです。

しかし念願のマイホームへの希望や夢は尽きません。

一生に一度のことだからと思えば思うほど、希望も夢も大きく膨らみます。

そこはちょっと我慢すべきではないのか、不要不急のものは後回しにしようと足を引っ張るのも私の役目です。

気持ちばかりが先走ってしまう時、「やめましょう」と常に重しになって、余計なお金を使わせないように働きかけています。

お客様からしたら、

「おっさんうるさい！」

と思われるかもしれませんが、資金面の無理は必ず後々響いてくるので、お客様のことを思えば思うほど、余計なお節介は止められません。

ずーっと住めるいえを！

東日本大震災が起きてから、地震や津波などの天災に不安を覚える方が増えました。

わが社に相談に来られた方に、

「耐震・制震・免震はどうなってるの？」

といった詳しいことを聞かれる場合もあります。

確かに心配です。

愛媛県はおだやかな瀬戸内海に面しているものの、やはり津波の不安はありますし、地震はどの地域も関係なく皆さんの関心ごとでしょう。

私はどんなに資金が少なく小さないえであっても、耐震等級3、長期優良住宅仕様は当然だと思っています。

ですからうちでは標準装備ですが、住宅会社によってはどこまで徹底されているのか、そして基準がしっかりしているのか疑問が残るところがあります。

安心して暮らすための器となるいえが、そんな頼りないものでは困ります。強いいえにするためにどのような配慮がなされているのかは、必ず確認しましょう。

変化できるいえを！

正方形のいえは安いという話を聞いたことはありませんか？

確かに長方形や変形したいえを建てるよりも正方形のいえはコスト面で安くつきます。

変形型のいえはデザイン性が高く、かっこいいとは思いますが、長く住み続けることを考えたら使い勝手の悪さが気になってくるでしょう。

後になって
「目立つし、かっこいいと思ったけれど、毎日生活する場所に、こんな変な形を求める必要あるのかな？　普通に正方形のほうが応用もきいて良かったのかもしれない」

と後悔する人はけっこういます。

先ほど「本当に必要なものを！」のところで、35坪の土地に４ＬＤＫのいえを、という話をしました。普段私が４ＬＤＫで充分とお話ししているのにはちゃんと理由があり、使い勝手がいいからなのです。

いえを建てて20年後にお子さんが結婚して同居した時に、有効活用しやすい広さだという利点もあります。

部屋数が欲しいと壁を立てて部屋を細かく区切ってしまうと、リフォームが大変であるというマイナス面もあります。壁で区切らなくても、家具やカーテンで仕切って２部屋にすることもできると思うのです。

いえは一度建てたら何十年と暮らします。その間に生活スタイルも変わります。いくら家族全員の希望を反映して、練りに練った間取りでも、いつかは使い勝手も悪くなります。それは当然なのです。

だから長い先を見越して変化できるいえを建てることをお勧めします。

生活スタイルとともに変化できる間取りにすることで、長く快適に暮らしていけるのです。

夢に優先順位を！

実は、ここには書けない必殺テクニックが山ほどあります。

住宅ローンの選び方から土地選び、そして間取りまであらゆることの相談に乗り、ご提案はしますが、最終的にはいえを建てるお客様に決断していただくようにしています。最後の決断は私ではなく、あなたが決めることなのです。

なぜかというと、何かトラブルが発生した時に、他人にその責任をなすりつける人がいるからです。

いえは大きな買い物です。そして完成するまでに数えきれないほどの決断を迫られます。

まず土地を決め、建物の外観を決め、住宅ローンも決めないといけない。壁紙やトイレは何色、システムキッチンは、と本当にたくさんのことを決断していきます。

それも大変なのは、その瞬間、瞬間に決めなくてはいけないということです。

今決めなければいけないという瞬間が何度もやって来て、あなたにプレッシャーを与えます。そうして経験を重ねていくことで決断力を養うことができるのです。

いえが欲しいと考えているご夫婦の場合、大抵は奥さんがまず相談に見えます。

一通りお話を伺ってから、

「次はご主人も、お子さんも、一緒に来てくださいね」

とお願いすると、しぶしぶご主人がやって来ます。


このパターンが非常に多いのです。

そして、最初はそっぽを向いていたご主人がだんだん話にのってきて、

「書斎がほしい」

など自分の要望なども言い始めます。

そこで、

「これは無理かな?」

「2畳くらいなら取れるかな?」

などと話しながら一つずつ決断していってもらうのですが、決断を重ねる毎に、その人の成長を見ることができるのです。

夢を抱き、それを叶えていくことで人は大きく成長します。

いえを建てるということを選択したことで、車を我慢したかもしれません。質素倹約に努めたかもしれません。それでも夢に優先順位をしっかりとつけて、自分が選んだ夢を形にするために頑張った人は一回りも二回りも大きな人になれます。


初めて顔を合わせた時には、まだまだあどけなさの残る顔だったのに、いつのまにかしっかりというか、凛々しい顔に変わっていく様を見るのが私の何よりもの楽しみです。

「私と関わったすべての人が幸せになってほしい」

「人の役に立ちたい」

という私の夢が、少しだけ実現したかもしれないと思う瞬間です。


たまたま住まいづくりに関わったことで私が幸せのプレゼンターになれたのだとしたら、これ以上の喜びはありません。

コラム

いえづくりを失敗しないために

間取りを決める時は徹底して話し合いを重ね、熟考しますが、このポイントを押さえておけば、無駄のない・使いやすいいえが完成します。

壁の色やシステムキッチンといった目に見える華やかなところばかり皆さん気にされますが、本当に大切なのは生活しやすいかどうかです。

例えば普段料理をしている時に、どんなふうに動くのか、冷蔵庫から食材を取り出し、料理して、お皿を出してきて盛る。このごく日常的な簡単な動作が、スムーズにいかないというのは、実は非常に苦痛なことです。

是非以下を参考になさってください。

●現状使っている家具を活用すれば諸費用をぐんと押さえられます。
間取りを見ながら、**持ち込み家具の配置をあらかじめ考えておけば**、後でスペースに合わなかったなどの無駄がありません。

●新居にと大きなベッドなどを購入するのはいいのですが、**階段、廊下の巾を荷物が通るよう十分に確保**しておきましょう。

●**子ども部屋の位置、窓、ドアを集中しやすいように配置**しましょう。

机の目の前に窓があっては勉強に集中できません。

●完成した後で電気のコンセントを追加するのは大変です。**電気配線と家電の位置関係**を十分に検討しましょう。

●**照明器具の明るさ、種類（LED）を考えて**おきましょう。

例えばリビングだから明るくしたいのか、調光ができるようにしたいのかによって選らぶ照明が違ってきます。

●**冷蔵庫は扉の開き方や動線を考えて配置**しましょう。

特に持ち込む場合は、その冷蔵庫のサイズが新しいキッチンに合うのかどうかも確認してください。

●**冷暖房器具の選定をあらかじめ十分検討**しておきましょう。
オール電化にした場合のメリットとデメリットも考えましょう。

●固定資産税の無駄使いです。**デッドスペースがあれば収納スペースに**しましょう。

●意外な盲点なのですが、**掃除機、ほうきなど掃除用具や意外とかさばるもの、そのための収納スペース**を必ず確保しておきましょう。

●**キッチンカウンターの幅はどのような使い方をするかによって決まります。**
簡単な食事だけ？　お料理しながらお子さんの勉強を見るなど用途を考えて。

●**物干場を屋外と室内（洗面脱衣所、ユニットバス内）に設置**しましょう。
共有できるものはしっかり共有します。

●**小屋裏収納は将来を考えて、梯子ではなく階段を検討**してみましょう。
使わない時には仕舞える梯子は便利ですが、不安定なうえに高齢になると昇り降りが怖くなりだんだん使わなくなってしまいます。

●**枡や点検口、水道メーターBOXに注意して駐車スペースを決めましょう。**
いざという時に車でふさがれて見にくい場所では困ります。

●雨水も大切な資源です。
散水用にタンクの設置も検討しましょう。

●建物の完成が遅れることもあります。
完成していないのにローン返済が始まったら、現在住んでいる住居の家賃などと重複し、思わぬ出費です。

新居移転後からローン返済が開始されるよう、金融機関と相談しておきましょう。

第4章

自己資金0円、年収300万円で「マイホーム」をゲット!!

諦めるのはまだ早い!!

嘘のような本当の話です

第3章では、私が理想とする、そしてあなたにとっても身の丈にあった「じぶんサイズのいえ」のつくり方、ノウハウをお伝えしました。

この章でお話しするのは、「じぶんサイズのいえ」を手にした私のお客様のことです。

なぜかというと、

「佐々木さんはああ言うけど、まだ信じられないな」

という方が多いと思うのです。

私の夢「いえづくりで幸せになる人が増える」ということが、そう簡単に現実のものになるのか。ちょっと信じられないというあなたは素直な人だと思います。

そこで私と一緒に夢を実現したお客様をご紹介したいと思います。

私はこれまでの経験から蓄積したノウハウを使って、たくさんのお客様のいえを建ててきました。だから信じていただきたいのです。自己資金0円、年収300万円でもマイホームがゲットできるのだと!

第4章でご紹介するお客様の実例を参考にして、このケースだと私でも建てられるかもしれないという目安にしてください。

ケース1

年収310万円年収で太陽光発電を活用

小さなお子さんがいらっしゃるAご夫婦は、20代の若いお客様です。

わが子が家を欲しいならと、親御さんが資金面で援助するということでした。援助額は400万円です。

援助があれば少し余裕ができるということで、1000万円と少し高めの土地をご購入されました。

Aご夫婦の年収は310万円。

最適な住宅ローンを選んだところ、
・金利が3年固定で2430万円借りるか、
・10年固定で2650万円借りるか
という2つの選択肢がありました。

Aご夫婦は大幅な金利の変動があったら怖いということで、どうしても金利は長期固定がいいとおっしゃいました。

そこで10年固定を選び、借入額は2430万円にしました。そこに親御さんから援助していただいた400万円をプラスして、総額2800万円。土地は1000万円で購入が決まっていたので、残りの1800万円で立派ないえを建てられました。

お子さんの手が離れたら、そのうち奥さんも職場に復帰されるので、そのころには住宅ローンの返済もずいぶんと楽になると思います。

しかしそれ以上に余裕を持っていただき、生活を楽しんでほしいと思い、私は太陽光発電の利用をお勧めしました。

一般家庭で消費する光熱費は、通常３．７ｋｗから３．８ｋｗあれば十分に賄えます。

そのため、それだけのワット数をじゅうぶんに確保できるよう計算し、それに見合った太陽光パネルを６キロ設置しました。

これにより、毎月１万円以上は電気代をコストカットできることになります。

太陽光発電を設置するには初期投資が必要ですが、自治体から補助金も出るので上手に使うことで、それほど高い初期投資にはなりません。

毎月の金額は微々たるものであっても、長い目で見れば太陽光発電は得だということで私はお勧めしています。

ケース２

シングルマザーがいえを持った？

シングルマザーのＦさんは、大切な一人息子のＫ君に不自由な思いをさせたくなかったのでしょう。２人が安心して暮らせるいえが欲しいとおっしゃいました。

幸いにもFさんは看護師なので収入は安定しています。住宅ローンの審査も通りやすいと思いましたが、だからといってそれほど高額な借入はできません。そこでまず徹底的にコストカットすることを考えました。

Fさんが通勤に使っている自動車は軽自動車です。聞いてみると、これから先も軽自動車しか乗らないとおっしゃいます。

そこで軽自動車を所有し、これからも軽自動車に乗り続けるということと、諸事情を考え価格交渉が可能な土地はないかを探したところ条件に見合った土地を見つけることができました。

さっそく不動産屋さんと価格交渉し、150万円値下げしてもらうことができました。

もう一つの条件である軽自動車の件ですが、これはその土地の前面道路はとても広いのですが、そこに入るまでの道路の幅が2mしかない土地だったのです。

Fさんのように軽自動車を利用している場合は問題ありませんが、それ以上の大きさの車になると途中の道路の幅が狭すぎて車が入って行きづらいのです。

ですから、多くの方にとって購入に踏み切れない理由がある土地でしたので価格交渉も可能だったわけです。しかしFさんにとっては、むしろ何の問題もありませんので、その土地を購入することにしました。

建物は1000万円プラス消費税程度に抑えました。

2階に6畳を二間で、FさんとK君の部屋に、それとは別に2畳の家事室を設けました。看護師のFさんが夜勤明けで疲れて帰ってきた時に、ちょっと横になって休めるように畳を敷きました。

1階部分は駐車場も確保したため、ダイニングキッチンだけにしました。ダイニングキッチンだけでは室内が狭く見えてしまうので、ウッドデッキを設置し、広く使っていただけるよう提案しました。外側は木で囲って防犯にも力を入れました。

これは後日談ですが、私が所属しているロータリークラブで毎年2月に「少年の日（昔の元服）に因んで」地元の中学生の代表4名にお越しいただき、作文を発表していただいているのですが、Fさんの家を建ててから数年後の年の回に、中学2年生の男の子が参加してくれました。

Ｆさんはとても珍しい苗字だったので記憶の片隅にありました。

そのＦさんと同じ苗字の男の子は、作文に自分のお母さんへの感謝軒持ちを書いていました。お母さんが徹夜しながら、自分を育ててくれている。いつも一生懸命働いてくれて感謝している、大きくなったら大切に守ってあげたいという、とても感動的な作文でした。

式の終わりに男の子に確認すると、やはりお母さんはＦさんでした。いえを建てたばかりの頃は、まだ小学生で小さかったＫ君の姿と重なり胸が熱くなりました。

それから1カ月くらい経った後に、偶然近所のスーパーでＦさんに会いました。ＦさんにＫ君の作文の話をすると、とても喜んでおられました。ロータリークラブのイベントに参加したことは知っていたのですが、どんな内容の作文を書いたのかまでは知らなかったそうです。

シングルマザーというだけで、年収が低いというだけで、何もしないままマイホームを諦めてしまうことなんてしないでいただきたいのです。

あなたがいえを手に入れられる方法を一緒に探していきましょう。

ケース3

年収300万円を切っても住まいが持てる（年収285万円へそくり150万円）

年収300万円でマイホームをキャッチフレーズにしていることもあり、このお客様のような方は最も多いケースかもしれません。

Gご夫婦は年収が285万円です。

申し訳ありませんが、年収としては低いと言っていいでしょう。ですから、年収の低さが原因となり当然ですが住宅ローンの審査に通りにくいのです。Gご夫婦がどんなにいい方達でも、金融機関は人柄ではなく年収を審査の対象にするため融資を渋りますし、正直私もちょっと厳しいなと思わざるを得ない年収でした。

そこでまず最初に考えたのが、徹底たコストカットを行うことでした。

まずは土地です。

Ｇご夫婦はとても堅実な方たちで、自分たちの年収が低いということを十分に理解し、このエリア内であればどこでも構わないと、土地の立地にも多くを望まれませんでした。

そこで立地はまずまずですが、５年くらい買い手のつかなかった土地を見つけ、さっそく不動産屋さんに交渉しました。

シングルマザーのＦさんの場合も同じですが、しばらく買い手がつかなかった土地には何かしらそれ相応の理由があるのです。しかしその理由が気にならない、あるいはデメリットにならないと思える人にとってはお買い得な土地となります。

その５年くらい買い手のつかなかった土地を不動産屋さんと交渉し、１００万円割引してもらい手に入れました。

建物ですが、本来なら予算額や土地の広さなどを考慮すると３ＬＤＫがちょうどいいくらいの坪数でしたが、ご夫婦と話し合いを繰り返し当初のご希望だった４ＤＫにすることでまとまりました。

実はご主人が奥さんに内緒でへそくりを150万円持っていたため、住宅ローンで借入できた1850万円とへそくりの150万円、合計2000万円で憧れのマイホームを手に入れることができたのです。

年収の低さをカバーするため、できる限りの節約と生活を切り詰めていくことで、いえを建てられたGご夫婦。

本当はカーポートも欲しかったのですが、そこまでお金が回らないということで、諦められました。そして本来ならばカーポートを設置したかった場所に、家庭菜園をつくり、野菜をたくさん育てて楽しんでいらっしゃいます。家を囲むフェンスも予算が回らなかったので、ホームセンターでフェンスを購入してこられて、ご主人がご自身で設置されました。

今どうしても必要なところを最優先し、後回しでもいいところを決めてできるだけ安く仕上げていらっしゃるという、非常に合理的な実例です。

憧れのマイホームを手に入れたことに満足され、お子様も一人増え、五人家族で本当につつましく暮らしていらっしゃいます。決して派手な暮らしではありませんが、幸せな家族の在り方をそこに見た気がします。

ケース4

要注意！　ローン実行3日前に起こった事件

Hさんが住宅ローンの借入をすることになっていた地元の銀行から連絡が来て、私は本当に驚いてしまいました。

何とHさんが、いえが建った瞬間に□○□万円のローンを組んで車を購入したことが発覚したのです。

Hさんは決して悪い人ではないのですが、とにかく車が大好きで、車に関するお金は糸目をつけないというような人でした。いえを建てることになり車を買い替えたいという気持ちをぐっと押さえていたようなのです。

そのお話を伺っていたため私も、

「いえが建つまでは車を買わないように」

と何度も念を押していました。

ところが「いえが建つまでは」という言葉をそのまま鵜呑みにしていたようで、いえが建ったと思ったらすぐに車を買ってしまったのです。

Hさんの運が悪かったのは、家は建っていましたが、住宅ローンはまだ実行されていませんでした。住宅ローン実行のまさに3日前だったのです。

一般的に、ローンの開始日を早めに設定しておくと、万が一工事の遅れなどでいえが完成するのが遅くなってしまった場合、まだいえが建ってもいないのにもかかわらずローンの返済がスタートしてしまうのです。ですから、ローン実行日は少し余裕を持たせて設定しておくのです。

Hさんのように最終の資金決済前にほかのローンを組んでしまうと、それまでほかのローン返済がないということで借入可能だった資金が、借りられなくなるどころか、つなぎ融資を受けていた土地代等の借入金を全額返還しなければならなくなってしまいます。

そこでHさんと奥さんを呼んで、その事実を説明しました。

そんなローンの仕組みなど詳しく知るはずもないご夫婦はびっくりした様子でした。特に奥様が動揺され、どうやらHさんのお母さんのところに泣きついたようです。

車は一度△□◇万円で下取りに出しました。そしてお母さんから借りた○□△万円で後日、車を買い戻したようです。結局◇○万円損をしましたが、住宅ローンが借りられなくなることに比べたらお安いものでしょう。

せっかくご自分のいえを手に入れたと喜んでいても、こういったケースはよくあることなのです。このケースでは、車の損失◇○万円だけで済みそれでもうまくいったケースと言えるでしょう。

住宅ローンの一括返還請求されたりしていたら、今頃大変なことになっていたことでしょう。

それでもHさんは、私たちと一緒にいえづくりをしてくださったのでこの程度の損失で済ますことができたのです。

コラム

コストを抑えるヒケツ

初めてのいえづくり。どうしても個性のあるいえにしたいと誰もが思います。しかしデザイン性を追求するあまり、コストのかかる家になっていませんか？

あらゆることにおいて、シンプルに突き詰めて考えていくことが、コストダウンにつながると考えています。ここではそのコストダウンのための秘策を紹介します。

1、間取りはできるだけ正方形に近づけ、コストダウンを心がけましょう。

2、空間を有効利用して、できるだけ敷地面積を減らしましょう。坪数が大きくなればなるほど、当然ですが土地代が高くなります。

3、丈夫で部材が余りにくい、総2階建てにしましょう。1階と2階の柱や壁の位置をできるだけ揃えることで無駄がなく、強度を上げることができます。

4、できるだけ部材の長さを活かし、標準サイズを守ると無駄がありません。

5、同じメーカーから仕入れるようにしましょう。まとめ買いで値引きも期待できますし、同じメーカーということでデザインも揃い見た目も美しくなります。

6、忙しい建築業者を選びましょう。それだけ部材などをメーカーから大量に仕入れているため、コストを抑えられます。

7、なるべく早くに仕様を決めれば、スムーズに工事が進みます。工期が短縮されれば、人件費を抑えることになるので、コストダウンの交渉もできるかもしれません。

8、省令準耐火構造仕様で火災保険料を半分にコストダウン。また火災保険は一括で支払うだけで保険料を約1／3に抑えられます。

9、不動産屋さんと仲良くなって、住環境のいい土地の情報をもらい、かつ値下げ交渉をしてもらいましょう。

10、毎年変わる住宅関連税制。特別措置や制度を知り、大いに節約しましょう。

おわりに

私は今、たまたまこうして工務店の社長をしています。

そのため、安くて良いいえを多くの方に提供することで、皆さんのお役に立ちたいと日々いえづくりに取り組んでいるのですが、本音を言うならば、仕事は何も工務店でなくてもいいとさえ思っています。

祖母から何度も言われてきた、

「誰かのお役に立つ人間」

になれるのならば、何でもいいのです。


とにかく皆さんが幸せになるためのお手伝いがしたい。その気持ちだけで今日まで走り続けてきました。

住まいづくりに関わってきて何が嬉しいのかといえば、私のところでいえを建ててから、たくさんのご家族にお子さんが誕生していることです。まるでいえが、コウノトリの役割を果たしているみたいで、とても嬉しく思っています。

本当に一人でも多くの方に幸せになってほしい！「袖振り合うも多生の縁」といわれるように、私に関わるすべての人に幸せになってほしい！　その思いは齢を重ねてもまったく衰えません。むしろ強くなっているとすら思える今日この頃です。

私が京都から故郷に戻り、なかなか地域に馴染むきっかけを見つけられずにいた時に、ＰＴＡや青年会議所などの活動を通して、多くの出会いに恵まれました。また、21年続けているロータリークラブでの活動も、本当に実り多いものでした。

ロータリーの基本理念の一つで日々の倫理的羅針盤となる「四つのテスト」という行動指針があります。

1、真実かどうか
2、みんなに公平か
3、好意と友情を深めるか
4、みんなのためになるかどうか

この「四つのテスト」は、私の日々の行動のすべての指針にもなっています。今後もこの指針から外れることないよう肝に命じながら、地域社会への貢献を続けていきたいと思っています。

そして、工務店の社長として私が続けていくこと。

こうしてたくさんの方々に情報を発信するとともに、年収を気にするあまりマイホームを諦めてしまう方に、ここ愛媛で年収３００万円でも自分のいえをもてることを伝え、励まし、いっしょにいえづくりをさせていただくことです。

だから決して、自分のいえづくりを諦めたりしないでください。

最後に、こうして私の考えや取り組みを書籍として出版する機会を与えてくださった出版社のみなさん、協力会社のみなさん、そして我が社のスタッフにあらためて心から感謝申し上げます。

２０１４年２月　吉日

佐々木 敬 史

エル書房のブック・ポリシー

この本の著者は、プロの作家さんではありません。

私たちが選んだ、業界のプロです。

エル書房は、たくさんの情報の中に埋もれてしまっている
本当に価値ある情報“だけ”を本にして
あなたに伝えるために立ち上がった出版社です。

“これは！”と思ったプロの確かな情報が、
わかりやすく、あなたにちゃんと伝わるように、
誠心誠意をこめて言葉を紡ぎました。

著者と二人三脚でつくったこの本には、
自身の経験と知識と情熱で「あなたの人生をもっと良くしたい」
という“強い想い”が込められています。

ひとつの道を極めた著者が発した、魂からの言葉たちで、
あなたが励まされたり、ためになったり、涙がでてきたり……。

そんなふうに、この一冊が
すこしでもあなたのお役に立つことができたらうれしいです。

エル書房　代表取締役　網倉 博

・不動産コンサルティングマスター
・宅地建物取引主任者
・不動産アナリスト
・住宅ローンアドバイザー
・福祉住環境コーディネーター
・増改築相談指導員
・高齢者リフォームカウンセラー
・ちきゅう住宅リーダー検査員
・2級建築施工管理技師

◆ 一般社団法人　愛媛県中小建築業協会　副会長
◆ 公益社団法人　愛媛県宅地建物取引業協会　副会長
◆ NPO法人　愛媛県不動産コンサルティング協会　理事

興陽商事有限会社

本店：愛媛県四国中央市川之江町 1655-3
TEL：0896-58-5298　FAX：0896-58-7345

中予店：愛媛県伊予郡松前町筒井 720-5
TEL：089-989-6474　FAX：089-989-6475

0120-272-064
ホームページ：http://1-koyo.com/
Eメールアドレス：koyo@1-koyo.com

土地探しは http://www.me2103.com/

年収300万円でマイホーム!?
あなたの夢叶えます「住まいの駆け込み寺」

発　行　　2014年2月28日　初版第一刷

著　者　　佐々木敬史

発行人　　網倉　博

編集人　　加井　夕子

発行所　　株式会社 エル書房
〒100-0004　東京都千代田区大手町1-7-2-27F
編集部＆営業部　（TEL）0120-559-358

発売元　　株式会社 星雲社
〒112-0012　東京都文京区大塚3丁目21-10
電話 03-3947-1021　FAX 03-3947-1617

Printed in JAPAN　ISBN978-4-434-18931-9

【著者プロフィール】

住まいのコンシェルジュ
佐々木 敬 史
（ささき　よしふみ）

興陽商事(有)　代表取締役

● 昭和27年（1952年）愛媛県四国中央市生まれ
家業の呉服屋を継ぐべく、同志社大学商学部に入ったが、呉服では将来性がないと実家が不動産業に転身したため、京都で先輩とともに不動産会社を設立。その後、建設業・管理業と3社に拡大し、1社の社長となる。

● 親の体調不良と結婚を機に、昭和59年興陽商事(有)に入社し、建売住宅部門を担当。
PTA活動、青年会議所、商工会議所青年部活動、商店街振興組合活動等を通じて、地域の人づくり、まちづくりを学ぶ。

● 幼稚園、小学校のPTA会長、市PTA連合会会長を経験するなか、住まいづくりを通じて子育て世代の応援をしたいとの思いが強くなり、事業を不動産業・リフォーム業・コンサルタント業・保険業と拡大するうちに、住まいのワンストップサービスができる「かけこみ寺」的な工務店を目指す。